Bibliografische Information der Deutschen Nationalbibliothek:

Die Deutsche Bibliothek verzeichnet diese Publikation in der Deutschen National-bibliografie; detaillierte bibliografische Daten sind im Internet über http://dnb.d-nb.de/ abrufbar.

Impressum:

Copyright © 2002 GRIN Verlag, Open Publishing GmbH
Druck und Bindung: Books on Demand GmbH, Norderstedt Germany
ISBN: 9783638696883

Dieses Buch bei GRIN:

http://www.grin.com/de/e-book/5398/crm-bedeutung-und-messung-von-kundenzu-friedenheit

Tobias Pickl

CRM. Bedeutung und Messung von Kundenzufriedenheit

GRIN Verlag

GRIN - Your knowledge has value

Der GRIN Verlag publiziert seit 1998 wissenschaftliche Arbeiten von Studenten, Hochschullehrern und anderen Akademikern als eBook und gedrucktes Buch. Die Verlagswebsite www.grin.com ist die ideale Plattform zur Veröffentlichung von Hausarbeiten, Abschlussarbeiten, wissenschaftlichen Aufsätzen, Dissertationen und Fachbüchern.

Besuchen Sie uns im Internet:

http://www.grin.com/

http://www.facebook.com/grincom

http://www.twitter.com/grin_com

Bedeutung und Messung von Kundenzufriedenheit im CRM

von

Tobias Pickl

1. Kundenzufriedenheit – Eine Komponente des unternehmerischen Erfolgs

Theorie und Praxis haben festgestellt, dass auf immer transparenter werdenden Märkten, auf denen auch die Qualitätsansprüche der Kunden steigen, Kundenorientierung und Kundenzufriedenheit einen immer größeren Stellenwert erlangen (Kleinaltenkamp et al. 1996, S. 62). Homburg und Rudolph (1995, S. 43) folgern daher, dass die Kundenzufriedenheit immer mehr zu einem wichtigen Wettbewerbsvorteil wird.

Bis Ende der sechziger Jahre fand die Kundenzufriedenheit kaum expliziten Eingang in das Zielsystem vieler Unternehmungen. Die Fokussierung bezog sich meist auf finanzielle und marketingpolitische Erfolgsfaktoren (Lingenfelder/Schneider 1999, S. 109). Dass diese Sichtweise zu eng ist, soll folgendes Beispiel von Töpfer und China (1997, S. 12) aufzeigen:

Ein Lebensmittelfachgeschäft mit zentraler Lage besitzt monopolähnlichen Status. Aufgrund der guten Umsatzzahlen und der fehlender Reklamationen, glaubt die Unternehmensleitung, dass die Kunden zufrieden sind. Jedoch sind vielen Konsumenten mit dem schlechten Service und der Beratung sehr unzufrieden, kaufen jedoch wegen mangelnder Alternativen weiterhin in diesem Geschäft ein. Als jedoch ein weiteres Geschäft öffnet, das eine bewusste Serviceorientierung bei im Vergleich zum etablierten Unternehmen leicht höherem Preisniveau verfolgt, verändern sich die Umsatzzahlen des bestehenden Lebensmittelgeschäfts stark. Viele Kunden wechselten das Unternehmen, weil der Service eine wichtige Komponente für ihre Geschäftsauswahl darstellte. Dafür waren sie bereit, einen höheren Preis zu zahlen. Wegen der starken Umsatzeinbußen versucht das alteingesessene Fachgeschäft ihre Kunden zurückzugewinnen, was aber misslang. Deswegen musste es knapp acht Wochen nach Eröffnung des Konkurrenzunternehmens schließen.

Töpfer und China (1997, S. 12) folgern daher, dass das Unternehmen nur über qualitative Größen wie Umsatz implizit auf die Kundenzufriedenheit geschlossen hat, ohne die Kundenzufriedenheit explizit zu berücksichtigen. Um die Gründe für die Kundenzufriedenheit zu ermitteln, reichen jedoch traditionelle Kennzahlen nicht aus (Lingenfelder/Schneider 1991, S. 109), es müssen vielmehr neue Konzepte entwickelt werden.

Im Folgenden wird im Rahmen der Bedeutung der Kundenzufriedenheit die Kundenzufriedenheit definiert und auf deren Wirkungsfolgen eingegangen. Des weiteren wird ein Überblick über verschiedene Messverfahren gegeben und ausgewählte Messverfahren vorgestellt. Schließlich wird noch der Beitrag des Customer Relationship Management zur Kundenzufriedenheit beleuchtet.

2. Definition von Kundenzufriedenheit

Um auf die Bedeutung und Wirkungen von Kundenzufriedenheit eingehen zu können, muss erst definiert werden, was man unter Kundenzufriedenheit versteht. Jedoch konnte sich die Wissenschaft bis heute noch nicht auf eine einheitliche Definition verständigen (Rudolph 1998, S. 11 ff.).

So umschreibt beispielsweise Gablers Wirtschaftslexikon (1997, S. 2337), die „Kundenzufriedenheit als Grad der Erfüllung der Kundenerwartung", Howard und Sheth (1969, S. 145) als „Satisfaction, in turn, can be seen as a function of the expactation (adaption) level und perception of disconfirmations."

Dies zeigt deutlich, dass das Konstrukt Kundenzufriedenheit sehr vielschichtig und komplex ist. Trotzdem wird Kundenzufriedenheit häufig eindimensional gesehen, aber neuere Tendenzen schreiben ihr Multidimensionalität zu. Beispielsweise wurden die Produkt-, Finanz-, Sozial- und Unterstützungsdimensionen der Kundenzufriedenheit empirisch bestätigt (Rudolph 1998, S. 47 f.).

2.1. Das Confirmation/Disconfirmation-Paradigma

Trotz fehlender einheitlicher Definition ist das Confirmation/Disconfirmation-Paradigma der anerkannteste Erklärungsansatz für das Entstehen von Kundenzufriedenheit (Homburg et al. 1999. S. 175).

Dabei entsteht Zufriedenheit durch einen komplexen Informationsverarbeitungsprozess. Der Kunde vergleicht seine Erwartungen (Soll-Komponente) mit der tatsächlich erhaltenen bzw. erlebten Leistung (Ist-Komponente). Der Konsument ist zufrieden, wenn die Ist-Komponente gleich der Soll-Komponente ist oder diese übertrifft. Unzufriedenheit stellt sich ein, wenn die Ist-Leistung schlechter als die Soll-Leistung ausfällt (Oliver 1997, S. 98 ff.; Lingenfelder/Schneider 1991, S. 110; Eggert/Helm 2000, S. 64; Homburg et al. 1999, S. 175 f.; Herrmann/Johnson 1999, S. 583).

Abbildung 1 verdeutlicht diesen Zusammenhang grafisch:

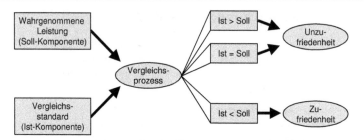

Abbildung 1: Das Confirmation/Disconfirmation-Paradigma
Quelle: in Anlehnung an Homburg et al. 1999, S. 176

Dieses Modell basiert auf vier Bausteinen: Die Soll-Komponente, die Ist-Komponente, dem Soll/Ist-Vergleich und Zufriedenheit bzw. Unzufriedenheit. Auf diese Komponenten wird nun genauer eingegangen.

Die Soll-Komponente ist ein Referenzmaßstab, der eine äußerst komplexe Größe darstellt (Magerhans 2000, S. 7). Dieser Vergleichsstandard ist inter- und intraindividuell verschieden (Müller/Strothmann 1998, S. 199). Daher kann eine identische Leistung bei verschiedenen Kunden einen unterschiedlichen Zufriedenheits-/Unzufriedenheitsgrad hervorrufen (Hauer 1998, S. 5). Dabei können folgende Standards verwendet werden:

Erwartungen werden am häufigsten als Vergleichsmaßstab verwendet (Kierstein 1998, S. 47). Sie basieren oft auf Erfahrungen, die als „Kenntnis der Leistungsfähigkeit bestimmter Produktattribute" (Rudolph 1998, S. 18) definiert wird, mit einer Leistung (Kaiser 2002, S. 51) oder auf Vorabinformationen, wie beispielsweise Testberichten oder Empfehlungen von Bekannten (Kierstein 1998, S. 47). Auch durch Unternehmenskommunikation und Preispolitik werden Erwartungen gebildet (Hauer 1998, S. 4 f.). Esch und Billen (1994, S. 412 f.) weisen auch auf den Einfluss des Involvements bei der Erwartungsbildung hin. Je höher das Involvement, desto mehr wird sich mit der Leistung auseinander gesetzt und desto realistischer wird die Sollkomponente definiert. Der Nachteil einer erwartungsbezogenen Sollstandardbildung ist, dass auch negative Attribute, die erwartet wurden, zur Zufriedenheit beitragen.

Auch Erfahrungsnormen werden zur Standardbildung herangezogen. Als Maßstab wird eine Leistung definiert wie sie laut Kundenansicht sein sollte. Dabei werden auch Erfahrungen mitberücksichtigt (Kierstein 1998, S. 48).

Unter dem Normalen versteht man einen Mittelwert über alle Erfahrungen eines zu erwartenden Anspruchsniveaus einer Branche (Sauerwein 2000, S. 10).

Hingegen erfolgt bei Idealvorstellung eine Orientierung an der bestmöglichen Leistung, also am Optimalen (Kierstein 1998, S. 48). Jedoch kann bei diesem Vergleichsmaßstab die Ist-Komponente nie größer als die Soll-Komponente sein.

Einen niedrigen Standard stellt das minimal Tolerierbare dar. Dieser ist ein Minimalstandard (Kaiser 2002, S. 52) und wird zumeist von pessimistischen Kunden mit negativen Erfahrungen verwendet (Sauerwein 2000, S. 10).

Weitere Konzeptionen für die Sollkomponente stellen die wahrgenommenen Werte, die aus einem gedanklichen Vergleich zwischen Wertevorstellungen und empfundener Leistung entstehen, das Comparision Level als „Verhältnis zwischen Kosten und Nutzen" (Rudolph 1998, S. 19), das Gerechte, das Verdiente und das Wahrscheinliche dar (Müller/Strothmann 1998, S. 1999).

Die Ist-Komponente kann ebenfalls verschiedene Ausprägungen annehmen. Sie spiegelt dabei die erfahrene Leistung eines Produkts bzw. Dienstleistung wider (Sauerwein 2000, S. 10). Dabei kann zwischen einer objektiven Leistung, die für alle Konsumenten gleich ist (Kaiser 2002, S. 56) und einer subjektiven Leistung unterschieden werden. Dieses subjektive Leistungsempfinden differiert von Individuum zu Individuum und ist abhängig von Wahrnehmungseffekten, die beispielsweise aus der Assimilations-Kontrast-Theorie und der Dissonanztheorie abgeleitet werden können (Sauerwein 2000, S.11). Aufgrund der individuellen Betrachtungsweise wird die subjektive Leistung meistens als Ist-Komponente verwendet (Rudolph 1998, S. 21).

In einem Soll/Ist-Vergleich werden Ist- und Soll-Komponente einander gegenübergestellt und somit der Grad der Zufriedenheit ermittelt. Dieser Prozess erfolgt zweistufig. Zuerst wird festgestellt, ob sich die Erwartungen bestätigt haben. Anschließend wird der Bestätigungsgrad bewertet (Esch/Billen 1994, S. 413). Daher tritt positive Bestätigung auf, wenn die Ist-Leistung besser oder gleich der Soll-Leistung ist. Daraus folgt im zweiten Schritt, dass sich Zufriedenheit einstellt. Negative Bestätigung tritt auf, wenn die Ist-Leistung schlechter als die Soll-Leistung ist. Deswegen stellt sich Unzufriedenheit ein (Rudolph 1998, S. 21). Uneinig ist sich die Literatur hingegen bei der Hypothese, ob erfüllte und nicht erfüllte Erwartungen einen gleich großen Einfluss auf die Zufriedenheitsbildung ausüben (Kierstein 1998, S. 50; Rudolph 1998, S. 22).

Die aus dem Soll/Ist-Vergleich entstehende Zufriedenheit bzw. Unzufriedenheit ist schließlich die vierte Komponente des Confirmation/Disconfirmation-Paradigmas. Rudolph (1998, S. 22) beschreibt hierbei Zufriedenheit „als bipolares Kontinuum mit Zufriedenheit und Unzufriedenheit als Endpoole". Dabei wird diese zumeist als eindimensionales Konstrukt bezeichnet, jedoch findet die mehrfaktorielle Betrachtungsweise, wie beispielsweise die Zweifaktorentheorie von Herzberg, immer mehr Anerkennung

(Sauerwein 2000, S. 12 f.; Kierstein 1998, S. 50). Auf diese Theorie wird in Punkt 2.4. genauer eingegangen.

Weitere Theorien zur Erklärung der Kundenzufriedenheit sind die Attributionstheorie von Kelley, die davon ausgeht, dass Zufriedenheit aus dem Vergleich zwischen Kundenerwartung vor dem Kauf und dem Ergebnis des Kaufs entsteht und der Equity Theory, die Kundenzufriedenheit durch Evaluation des Kosten-Nutzen-Verhältnisses der Transaktion bzw. der Gerechtigkeit beschreibt (Rudolph 1998, S. 26 ff.).

2.2. Das Konzept der Toleranzzone

Die Grundkonzeption des Confirmation/Disconfirmation-Paradigmas geht davon aus, dass es genügt, Erwartungen zu erfüllen, um Zufriedenheit zu erlangen. Eine Erweiterung dieses Modells lässt drei Ergebniszustände des Bewertungsprozesses zu: Die Unzufriedenheit, die moderate Zufriedenheit oder Indifferenz und Begeisterung. (Matzler et al. 1997b, S. 733). Unzufriedenheit tritt ein, wenn der Vergleich zwischen wahrgenommener Leistung und Erwartungen negativ ausfällt. Indifferenz empfindet ein Individuum, wenn die Ist-Komponente „in etwa" der Soll-Komponente entspricht. Jedoch tritt diese Indifferenz in einem großen Bereich von Ergebniszuständen, der Toleranzzone, auf (Berry/Parasurman 1991, S. 58). Kleinere Differenzen zwischen Erwartungen und wahrgenommenen Leistungen fallen in diese Toleranzzone und werden nicht wahrgenommen, da das Individuum seine Erwartungen anpasst. Werden die Erwartungen überproportional übertroffen, stellt sich der Zustand der Begeisterung ein (Matzler et al. 1997b, S. 733).

2.3. Kundenzufriedenheit: Ein dynamisches Konstrukt

Das Zufriedenheitskonstrukt kann auf zwei verschiedene Arten betrachtet werden. Bei transaktionsspezifischen Ansatz wird eine einmalige Transaktion, wie zu Beispiel ein Produktkauf, als Grundlage für die Zufriedenheitsbildung herangezogen (Homburg et al. 1999, S. 176).

Die andere Möglichkeit sich dem Zufriedenheitskonstrukt zu nähern, ist die globale Betrachtungsweise, in der alle „bisherigen Kauf- und Konsumerfahrungen" (Hermann/Johnson 1998, S. 582 f.) berücksichtigt werden. Diese Perspektive kann als Kumulation mehrerer transaktionsspezifischer Prozesse aufgefasst werden. Die verschiedenen transaktionsspezifischen Zufriedenheitsurteile eines festgelegten Zeitintervalls finden in das globale Zufriedenheitsurteil Eingang (Kaiser 2002, S. 22 ff.).

Um Veränderungen der Zufriedenheit im Zeitablauf berücksichtigen zu können, lässt sich das Confirmation/Disconfirmation-Paradigma zu einem dynamisiert wahrgenommenen Confirmation/Disconfirmation-Paradigma erweitern (Kaiser 2002, S. 76 ff.).

Dort wird auch der Einfluss von bisher erbrachten Leistungen auf die Zufriedenheitsbildung aufgezeigt. Abbildung 2 verdeutlicht diese Zusammenhänge grafisch:

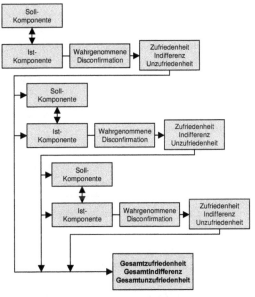

Abbildung 2: Das dynamisierte Confirmation/Disconfirmation-Paradigma
Quelle: in Anlehnung an Kaiser 2002, S.78

Hierbei werden die Beziehung zwischen Anbieter und Kunde in Episoden, das heißt in
Teilprozesse zerlegt (Kaiser 2002, S. 79). In jeder Episode bildet der Kunde ein Zufriedenheitsmaß, das sowohl die Gesamtzufriedenheit als auch die Soll- und Ist-
Komponenten der zukünftigen Perioden beeinflusst. Zur Verdeutlichung soll folgendes
Beispiel dienen: Wenn der Kunde bei Kauf eines Produktes positive Erfahrungen mit
dem Verkäufer gemacht hat, dann ist er mit dieser Episode zufrieden. Gleichzeitig erhöht sich beispielsweise sein Anforderungsniveau (Soll-Komponente), weil er mit der
bisherigen Leistung sehr zufrieden war und dieses Leistungsniveau nun immer erwartet. Die Ist-Komponente könnte durch die vorherige Episode auch beeinflusst werden,
weil der Kunde aufgrund seiner Zufriedenheit die Leistung positiver wahrnimmt als
ohne diese Erfahrungen. Somit ist das Zufriedenheitsausmaß einer Episode nicht unabhängig vom Zufriedenheitsausmaß der Vorperioden.

2.4. Minimum- und Werterhöhungskomponenten der Kundenzufriedenheit: Der Penalty-Reward-Faktoren-Ansatz

Ausgehend von der Zwei-Faktoren-Theorie der Arbeitszufriedenheit von Herzberg, die für die Entstehung von Zufriedenheit sowohl Hygiene-Faktoren, die zu Unzufriedenheit, aber nicht zu Zufriedenheit führen, als auch Motivatoren, die zu Zufriedenheit, aber nicht zu Unzufriedenheit führen (Müller/Strothmann 1998, S. 207; Kaiser 2002, S. 161 ff.), verantwortlich macht, wurde der Penalty-Reward-Faktoren-Ansatz entwickelt.

Dieser Ansatz beinhaltet zwei Faktoren, die das Zufriedenheitsausmaß eines Individuums bestimmen (Sauerwein 2000, S. 107 ff.):

• Penalty-Faktoren: Diese Faktoren werden vom Kunden erwartet. Werden diese Erwartungen nicht erfüllt, ist der Kunde unzufrieden. Bei Erfüllung stellt sich keine Zufriedenheit ein, er ist lediglich nicht unzufrieden. Die Erfüllung dieser Faktoren ist Voraussetzung für das Entstehen von Zufriedenheit. Als Beispiel für eine Minimumkomponente lässt sich die inhaltlich richtige Information bei der Telefonauskunft anführen.

• Reward-Faktoren: Diese Komponenten können vom Kunden nicht grundsätzlich erwartet werden. Erfüllt ein Anbieter diese Komponente nicht, so ist der Konsument auch nicht unzufrieden. Bei Erfüllung jedoch stellt sich ein Zufriedenheitsgefühl ein. Diese Faktoren sind Ansatzpunkte für die Profilierung im Wettbewerb. Die Reparatur auf Kulanz ist ein Beispiel für diese Werterhöhungskomponente.

Abbildung 3 verdeutlicht das Zusammenspiel beider Faktoren:

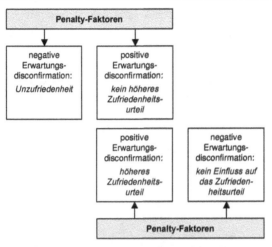

Abbildung 3: Das Penalty-Reward-Faktoren-Modell
Quelle: in Anlehnung an Kaiser 2002, S. 128

Die beiden Faktoren werden in der Literatur auch als Satisfier und Dissatisfier bezeichnet (Engelmann/Müller 1997, S. 43).

2.5. Das Kano-Modell der Kundenzufriedenheit

Ähnlich wie der Penalty-Reward-Faktoren-Ansatz geht das Kano-Modell auch von der Annahme aus, dass es mehrere Faktoren gibt, die einen unterschiedlich starken Einfluss auf die Kundenzufriedenheit ausüben (Bailom et al. 1996, S. 117). Begründung findet diese Annahme in der Bedürfnispyramide von Maslow, „die unterstellt, dass der Mensch unterschiedlichen Bedürfnisniveaus auch unterschiedliche Prioritäten zuweist" (Hauer/Nedeß 1997, S. 18). Demzufolge lassen sich folgende drei Zufriedenheitsfaktoren differenzieren:

- Basisanforderungen (Must-be): Falls dieses Kriterium nicht erfüllt wird, führt dies zu großer Kundenunzufriedenheit (Bailom et al. 1996, S. 118). Die Erfüllung wird vom Kunden als selbstverständlich vorausgesetzt und führt lediglich zur Nicht-Unzufriedenheit (Sauerwein 2000, S. 26). Die Beförderung zum richtigen Zielort ist ein Beispiel für eine Basisanforderung einer Taxiunternehmung.

- Leistungsanforderungen (One-dimensional): Zwar erwartet der Kunde die Erfüllung nicht unbedingt, jedoch steigt der Zufriedenheitsgrad mit der Erfüllung (Hauer/Nedeß 1997, S. 19). Andererseits steigt die Unzufriedenheit, wenn diese Kriterien nicht erfüllt sind. Diese Forderungen werden vom Kunden ausgesprochen (Hauer 1998, S. 9). Ein Beispiel für eine Leistungsanforderung im Gastronomiebereich stellt die freundlichen Bedienung dar.

- Begeisterungsanforderungen (Attractive): Den höchsten Einfluss auf die Kundenzufriedenheit besitzen die Begeisterungsanforderungen (Sauerwein 2000, S. 26). Da diese vom Kunden nicht erwartet werden, ist er bei Nichterfüllung auch nicht unzufrieden (Bailom et al. 1996, S. 118). Der Internetanschluss an allen Sitzplätzen eines Zuges ist ein Beispiel für eine Begeisterungsanforderung.

Abbildung 4 verdeutlicht den Zusammenhang zwischen den verschiedenen Anforderungen grafisch:

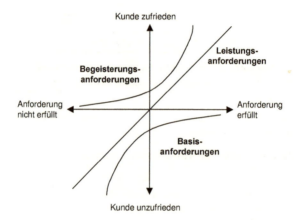

Abbildung 4: Das Kano-Modell
Quelle: in Anlehnung an Bailom et al. 1996, S. 118

Bei dieser Konzeption ist wichtig, dass die Zuordnung zu den unterschiedlichen Kriterien von Kunde zu Kunde variiert und von seiner persönlichen Prädisposition abhängt. Die Klassifizierung ist dabei nicht fix, sondern verändert sich im Zeitablauf (Matzler et al. 1997b, S. 735). So kann eine Begeisterungsanforderung durchaus zur Leistungs- oder Basisanforderung werden, wenn sich beispielsweise diese Anforderung als Standard in einer Branche herausentwickelt hat.

3. Wirkungen der Kundenzufriedenheit

Um die Bedeutung der Kundenzufriedenheit beurteilen zu können, müssen deren Auswirkungen betrachtet werden. Hauptaugenmerk wird dabei auf die Kundenbindungswirkungen gelegt. Anschließend werden weitere ausgewählte Wirkungsfolgen diskutiert.

3.1. Der Zusammenhang zwischen Kundenzufriedenheit und Kundenbindung

In der Literatur (Horstmann 1998b, S. 20 ff; Pieske 1997, S. 40) nimmt die Beziehung zwischen Kundenzufriedenheit und Kundenbindung eine herausragende Stellung ein. Im Folgenden werden im Abschnitt 3.1.1. die Kundenbindung definiert, ihre Wirkung auf unternehmerische Größen beleuchtet und der funktionale Zusammenhang zwischen Zufriedenheit und Bindung diskutiert. Abschnitt 3.1.2. befasst sich mit verschiedenen Zufriedenheitstypen und zeigt zusätzliche Wirkgrößen auf, die neben der Zufriedenheit einen Einfluss auf die Kundenbindung haben.

3.1.1. Kundenbindung und Kundenzufriedenheit – Eine komplexe Beziehung

Homburg und Werner (1998, S. 164) stellen fest, dass gebundene Kunden normalerweise mehr kaufen, robuster gegenüber Abwerbungsversuchen sind, weniger Kosten verursachen und geringere Preissensibilität aufweisen.

Außerdem zeigen empirische Studien deutlich, dass Gewinn erst nach einer bestimmten Dauer der Kundenbeziehung erwirtschaftet werden konnte. So wurden beispielsweise die kumulierten Gewinne bei Kraftfahrzeugversicherungen erst im achten Jahr der Kundenbeziehung positiv (Quartapelle 1996, S.95). Töpfer und China weisen nach (1997, S. 11), dass der Gewinn um bis zu 85 Prozent steigt, wenn die Kundenbindung um 5 Prozent zunimmt.

Dies zeigt, dass Kundenbeziehung deutliche ökonomische Auswirkungen besitzt. Um jedoch die Wirkungen der Kundenzufriedenheit auf die Bindung diskutieren zu können, ist eine Definition der Kundenzufriedenheit unumgänglich.

Diller (1995, S. 6) definiert Kundenbindung als „Einstellung eines Kunden zur Geschäftsbeziehung mit einem bestimmten Anbieter, die sich in seiner Bereitschaft zu Folgetransaktionen niederschlägt". Der Fokus liegt hierbei im Gegensatz zur vergangenheitsorientierten Zufriedenheit im Zukunftsbezug (Eggert/Helm 2000, S. 65).

Nach Homburg, Giering und Hentschel (1999 S. 177 f.) ist Kundenbindung eine „Geschäftsbeziehung als Folge nicht zufälliger Markttransaktionen zwischen einem Anbieter und einem Kunden. „Nicht zufällig" bedeutet, dass auf Anbieter- und/oder Nachfragerseite Gründe zur Fortführung der Geschäftsbeziehung vorliegen." Aus dieser Definition wird die anbieter- und nachfragerorientierte Sichtweise der Kundenbindung deutlich. Während sich die anbieterorientierte Sichtweise mit allen Maßnahmen des Anbieters zur Kundenbindung beschäftigt (Hermann/ Johnson 1999, S. 583), beleuchtet die nachfragerorientierte Perspektive die Bindung aus Kundensicht (Homburg et al. 1999, S. 178).

Anzumerken ist, dass die Begriffe Kundenbindung, Loyalität und Markentreue in der Literatur häufig synonym verwendet werden (Rudolph 1998, S. 31).

Um die Stellung der Kundenbindung beleuchten zu können, müssen die in Abbildung 5 visualisierten Wirkungen betrachtet werden.

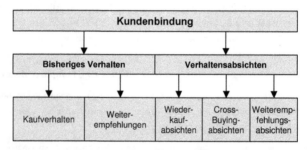

Abbildung 5: Wirkungen der Kundenbindung
Quelle: in Anlehnung an Homburg/Fassnacht 1998, S. 415

Dabei wird zwischen den Dimensionen des bisherigen Verhaltens und der Verhaltensabsicht unterschieden (Eggert/Helm 2000, S. 65). Auf der Ebene des bisherigen Verhaltens beeinflusst Kundenbindung das Kaufverhalten und die Weiterempfehlungen (Werner 1997, S.8), auf der Verhaltensabsichtsebene hingegen die Wiederkauf-, die Cross-Buying- und die Weiterempfehlungsabsichten (Homburg et al. 1999, S. 178 f.).

Diese Wirkungen zeigen deutlich, dass Kundenbindung eine wichtige Voraussetzung für den ökonomischen Erfolg eines Unternehmens ist (Stauss/Neuhaus 1995, S. 2).

Daher ist es entscheidend herauszufinden, ob Kundenzufriedenheit und Kundenbindung in einem funktionalen Zusammenhang stehen. Dann könnte nachgewiesen werden, dass ein Zufriedenheitsmanagement Einfluss auf die Kundenloyalität besitzt.

Empirisch wurde in verschiedenen Studien herausgefunden, dass Kundenzufriedenheit und Kundenbindung stark miteinander korrelieren (Horstmann 1998b, S. 20 f.; Pieske 1997, S. 40). Eggert und Helm (2000, S. 69) ermitteln dabei sogar einen Korrelationskoeffizienten zwischen beiden Größen von 0,89.

Hingegen ist das Meinungsbild, was den funktionalen Verlauf der Größen angeht, vielschichtig (Rudolph 1998, S. 29 f.; Homburg et al. 1999, S.182 ff.).

Abbildung 6: Linearer Verlauf

Quelle: Eigenabbildung

Die in Abbildung 6 und 7 dargestellten linearen und progressiven Verläufe wurden nicht als geeignet betrachtet, die komplexe Beziehung bestmöglich darzustellen (Homburg et al. 1997, S. 184 f.; Hermann/Johnson 1999, S. 588 ff.).

Abbildung 7: Progressiver Verlauf
Quelle: in Anlehnung an Herrmann/Johnson 1999, S. 589

Weitgehend anerkannt ist der in Abbildung 8 visualisierte sattelförmige Verlauf (Kaiser 2002, S. 30f.; Rudolph 1998, S. 32).

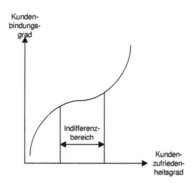

Abbildung 8: Sattelförmiger Verlauf
Quelle: Homburg et al. 1999, S. 185

Der Verlauf lässt sich in drei Bereiche aufteilen. Links und rechts des Indifferenzbereichs führen Veränderungen der Kundenzufriedenheit zu überproportionalen Änderungen der Kundenbindung (Kaiser 2002, S. 31). Innerhalb des Indifferenzbereichs führen Kundenzufriedenheitsveränderungen nur zu unterproportionalen Kundenbindungsveränderungen. Dies wird vor allem mit einer fehlenden emotionalen Bindung zwischen Anbieter und Konsument begründet (Rudolph 1998, S. 32). Herrmann und

Johnson (1999 S. 590 ff.) leiten mit Hilfe statistischer Verfahren aus einer Untersuchung im Automobilsektor den in Abbildung 9 dargestellten Zusammenhang her.

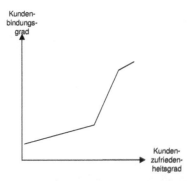

Abbildung 9: Abschnittsweiser unterschiedlicher linearer Verlauf
Quelle: in Anlehnung an Herrmann/Johnson 1999, S. 591

Daraus können folgende Implikationen abgeleitet werden:

* „Bei niedrigen und mittleren Werten für die Zufriedenheit, führt eine Erhöhung der Zufriedenheit nur zu einer geringfügigen Steigerung der Bindung.

* Bei hohen Werten für die Zufriedenheit bewirkt eine Steigerung der Zufriedenheit eine beachtliche Erhöhung der Bindung.

* Bei sehr hohen Werten für die Zufriedenheit geht eine Anhebung der Zufriedenheit lediglich mit einer vernachlässigbaren Verbesserung der Bindung einher." (Herrmann/Johnson 1999, S. 595)

Dabei wird auch festgestellt, dass die Kunden nicht homogen sind und in anderen Bereichen durchaus andere Verläufe der Zufriedenheits-Bindungs-Beziehung ableitbar wären (Herrmann/Johnson 1999, S. 595).

Homburg, Gierig und Hentschel (1999, S. 179 ff.) stellen mit verhaltenstheoretischen Erklärungsansätzen, wie beispielsweise der kognitiven Dissonanztheorie, der Risiko- und Lerntheorie, eine andere Möglichkeit dar, sich dem Zufriedenheits-Bindungs-Konstrukt zu nähern. Jedoch wird auch auf diesem Wege der oben festgestellte komplexe Zusammenhang bestätigt.

3.1.2. Die verschiedenen Zufriedenheitstypen: Das qualitative Zufrieden-heitsmodell

Wie bereits diskutiert, gehen viele Modelle implizit davon aus, dass Zufriedenheit automatisch zu Kundenbindung führt (Matzler et al. 1997a, S. 646). Nach dieser These müsste jeder zufriedene Kunde dem Unternehmen treu bleiben, jeder Unzufriedene dem Unternehmen den Rücken kehren. Trotzdem wandern zufriedene Kunden ab und bleiben unzufriedene Kunden treu (Stauss 1997, S. 76 ff.). Um dieses Phänomen begründen zu können, entwickelten Stauss und Neuhaus das qualitative Zufriedenheitsmodell. Dabei wird davon ausgegangen, dass „Zufriedenheit als wahrgenommene Erfüllung/Nichterfüllung von Erwartungen unmittelbar verknüpft ist

- mit einem Gefühl gegenüber dem Anbieter

- Erwartungen hinsichtlich der zukünftigen Leistungsfähigkeit des Anbieters und

- einer Verhaltensintention im Sinne der Bereitschaft, die Geschäftsbedingung fortzusetzen bzw. sich wieder für den Anbieter zu entscheiden." (Stauss/Neuhaus 1995, S. 16 f.)

Aufgrund der verschiedenen Ausprägungen dieser emotionalen, kognitiven und intentionalen Komponenten können drei Zufriedenheitstypen und zwei Unzufriedenheitstypen differenziert werden (Kaiser 2002, S. 33 ff.; Stauss 1997, S. 78 ff.; Stauss/Neuhaus 1995, S. 20 ff.).

	Der Fordernd Zufriedene	Der Stabil Zufriedene	Der Resignativ Zufriedene
Gefühl	Optimismus/ Zuversicht	Beständigkeit/ Vertrauen	Gleichgültigkeit/ Anpassung
Erwartung	... muss in Zukunft mit mir Schritt halten	... soll alles so bleiben wie es ist	... mehr kann man nicht erwarten
Verhaltensintention (Wiederwahl?)	Ja, da bisher meinen ständig neuen Anforderungen gewachsen.	Ja, da bisher alles meinen Anforderungen entsprach.	Ja, denn andere sind auch nicht besser.

Abbildung 10: Die Zufriedenheitstypen

Quelle: Stauss 1997, S. 79

Wie Abbildung 10 verdeutlicht, unterscheiden sich die drei Zufriedenheitstypen erheblich:

- Der „Fordernd Zufriedene" verhält sich aktiv. Er sieht sich selbst als zufrieden, weil bisher alle Erwartungen erfüllt wurden. Jedoch erwartet er von seinem Partner, dass dieser seinen wachsenden Anforderungen gerecht werden kann. Ist dies nicht der Fall, so kann er sich durchaus einen Anbieterwechsel vorstellen (Stauss/Neuhaus 1995, S. 20 f.). In einer empirischen Studie wies Stauss (1997, S. 80) nach, dass 26,7 Prozent aller fordernd Zufriedener bereits über einen Anbieterwechsel nachgedacht haben.

- Der „Stabil Zufriedene" verhält sich im Gegensatz zum „Fordernd Zufriedenen" passiv. Ihm liegt viel daran, dass sich nichts in der Geschäftsbeziehung verändert, da alles seinen Anforderungen entspricht (Kaiser 2002, S. 34). Empirisch konnte gezeigt werden, dass nur 12,6 Prozent dieser Gruppe einen Anbieterwechsel erwogen haben (Stauss/Neuhaus 1995, S. 39).

- Der „Resignativ Zufriedene" stützt sein Zufriedenheitsgefühl nicht auf positivr Erwartungserfüllung, sondern auf die Einschätzung „nicht mehr als das Erhaltene erwarten zu können" (Stauss 1997, S. 79). Dieser Typ zeichnet sich durch Gleichgültigkeit und Resignation aus. Er bleibt momentan in der Geschäftsbeziehung, da er Angebote alternativer Anbieter nicht besser einschätzt (Kaiser 2002, S. 35). In dieser Gruppe liegt laut Studie das höchste Abwanderungspotential, da 38,5 Prozent über einen Anbieterwechsel nachgedacht haben (Stauss/Neuhaus 1995, S. 39).

Dass sich auch unzufriedene Kunden voneinander unterscheiden wird in Abbildung 11 zusammengefasst:

	Der Stabil Unzufriedene	Der Fordernd Unzufriedene
Gefühl	Enttäuschung/ Ratlosigkeit	Protest/ Einflussnahme
Erwartung	... erwarte eigentlich mehr, aber was soll man schon machen	... muss sich in einigen Punkten erheblich verbessern
Verhaltensintention (Wiederwahl?)	Nein, aber kann keinen konkreten Grund angeben.	Nein, denn trotz eigener Bemühungen wurde nicht auf mich eingegangen.

Abbildung 11: Die Unzufriedenheitstypen
Quelle: Stauss 1997, S. 82

Dabei werden idealtypisch folgende Unzufriedenheitstypen unterschieden:

* Der „Stabil Unzufriedene" erwartet zwar Verbesserungen, sieht aber keine Möglichkeit, den Status quo zu verändern. Daher beherrscht ihn das Gefühl der Enttäuschung und Ratlosigkeit. Prinzipiell möchte er zwar den Anbieter wechseln, wobei es aufgrund eines niedrigen Aktivitätsgrades durchaus sein kann, dass er weiterhin die Beziehung aufrechthält (Kaiser 2002, S. 35).

* Der „Fordernd Unzufriedene" zeichnet sich dadurch aus, dass er von seinem Anbieter erhebliche Verbesserungen fordert. Seine Emotionen lassen sich als Protest oder Einflussnahme beschreiben. Er kann sich auch momentan nicht vorstellen, nochmals mit dem Anbieter in eine Geschäftsbeziehung zu treten (Stauss/Neuhaus 1995, S. 22).

Empirisch konnte festgestellt werden, dass „Fordernd Unzufriedene" mehr zu einem Anbieterwechsel neigen als „Stabil Unzufriedene" (Stauss 1997, S. 83).

Dieses Modell zeigt deutlich, dass nicht nur die Kundenzufriedenheit Einfluss auf die Kundenbindung hat. Im Folgenden sollen nun Einflussgrößen, sogenannte moderierende Größen (Homburg et al. 1995, S. 185 ff.) oder Driving Factors (Horstmann 1998b, S. 21 ff; Horstmann 1998a, S. 90 ff.), aufgezeigt werden, die dafür verantwortlich sind, dass sich zufriedene Kunden illoyal bzw. unzufriedene Kunden loyal verhalten.

Entscheidend für die Kundenbindung ist die Intensität der Kundenzufriedenheit. Je höher das Ausmaß der Kundenzufriedenheit, desto wahrscheinlicher ist eine längerfristige Loyalität (Stauss 1997, S. 78). Jedoch weisen Herrmann und Johnson (1999, S. 584 ff.) nach, dass es auch Kunden gibt, die trotz hoher Zufriedenheitswerte nur eine geringe Bindung aufweisen. Diese Kundengruppe wird als Söldner bezeichnet.

Auch die Güte des Beschwerdemanagements (vgl. Abschnitt 3.2.3.) hat einen Einfluss auf die Kundenloyalität. Je besser das Management, desto höher ist die Kundenbindung (Stauss 1997, S. 83).

Schließlich wirken Wechselbarrieren positiv auf die Kundenbindung (Homburg et al. 1999; S. 187 f.). Beispielhaft seien hier die rechtlichen Wechselbarrieren genannt, die einen Kunden für einen bestimmten Zeitraum per Vertrag fest an ein Unternehmen binden (Stauss 1997, S. 82 f.). Aber auch psychische, soziale, ökonomische, geographische, wissensbasierte, kulturelle und ideologische Wechselbarrieren spielen bei der Kundenbindung eine große Rolle (Herrmann/Johnson 1999, S. 585 ff.).

Homburg, Giering und Hentschel (1999, S. 187) bezeichnen die „Aktivitäten des jeweiligen Anbieters" als „weiteren zentralen Moderator". Durch entsprechende Maßnahmen, wie zum Beispiel Öffentlichkeitsmaßnahmen oder Preissenkungen, könnte die Loyalität auch erhöht werden.

Jedoch gibt es auch Einflussgrößen, die einen negativen Beitrag zu Kundenbindung liefern:

Extensive Kaufentscheidungsprozesse führen meistens zu einer niedrigeren Bindung, da dort noch kein abgeschlossenes Set von Handlungsalternativen gebildet wurde und daher eine höhere Wechselwahrscheinlichkeit besteht. Bei habituellen Prozessen hingegen wird von einer größeren Loyalität ausgegangen (Herrmann/Johnson 1999, S. 588 f.).

Auch das Variety Seeking Motiv stellt eine Gefahr für die Kundenbindung dar (Homburg et al. 1999, S. 186). Zwar ist jeder Kunde primär vor allem aus Risikoreduktionsgründen bestrebt, eine bestehende Geschäftsbeziehung aufrecht zu erhalten, trotzdem ist bei diesen Kunden ein Wechsel zu beobachten. Dieser Wechsel geschieht aus dem Wunsch nach Abwechslung. Dieser Variety Seeking Gedanke ist von Person zu Person unterschiedlich stark ausgeprägt und wird durch Personenmerkmale, objektive Produkteigenschaften und subjektive Produktmerkmale bestimmt (Stauss 1997, S. 80 f.).

Daher lässt sich festhalten, dass die Ergebnisse aus Abschnitt 3.1.1., die eine komplexe Beziehung zwischen Kundenzufriedenheit und Kundenbindung aufgezeigt haben, hier bestätigt wurden.

3.2. Weitere Wirkungen der Kundenzufriedenheit

Neben der bereits diskutierten Kundenbindungswirkung werden der Kundenzufriedenheit bzw. Kundenunzufriedenheit weitere Wirkungseffekte zugeschrieben. Die wichtigsten Wirkungen sind in Abbildung 12 dargestellt und werden in den Abschnitten 3.2.1. bis 3.2.4. genauer erläutert.

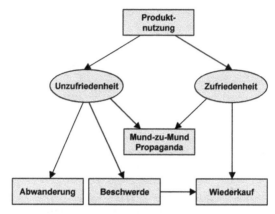

Abbildung 12: Mögliche Zufriedenheits- bzw. Unzufriedenheitswirkungen
Quelle: Homburg et al. 1999, S. 177

Um nochmals die Vielschichtigkeit der Kundenzufriedenheit aufzuzeigen, werden zunächst zusätzliche Wirkungen exemplarisch genannt, auf die jedoch nicht näher eingegangen wird:

Zufriedenheit der Kunden bewirkt ein weniger preissensibles Verhalten, geringere Transaktionskosten und eine Verbesserung des Unternehmensimages (Bailom et al. 1996, S. 117). Schließlich wird auch auf die steigende Mitarbeitermotivation durch Kundenzufriedenheit hingewiesen (Engelmann/Müller 1997, S. 43; Koot 1999, S. 9).

3.2.1. Wiederkauf

Wiederkauf wird hierbei aus Abgrenzungsgründen gegenüber der Kundenbindung als kurzfristige Folge der Kundenzufriedenheit definiert (Sauerwein 2000, S. 19). Verschiedene Untersuchungen haben dabei herausgefunden, dass das Zufriedenheitsausmaß den Wiederkauf bzw. die Wiederkaufsabsicht positiv beeinflusst (Bailom et al. 1996, S. 117; Homburg/Rudolph 1995, S. 43; Dornach/Meyer 1999, S. 427). Jeder Wiederkauf wirkt sich positiv auf ökonomische Größen, wie zum Beispiel Umsatz oder Gewinn, aus.

3.2.2. Mund-zu-Mund-Propaganda

Mund-zu-Mund-Propaganda kann in zwei Richtungen wirken. Bei Zufriedenheit wirkt Mund-zu-Mund-Propaganda positiv (Esch/Billen 1994, S. 408; Quartapelle 1996, S. 93 f.; Dornach/Meyer 1999, S. 427), bei Unzufriedenheit hingegen negativ (Pieske 1997, S. 40). Der der Mund-zu-Mund-Propaganda zugeschriebene Multiplikatoreffekt (Hom-

burg et al. 1999, S. 177) wird durch eine Untersuchung verdeutlicht, bei der festgestellt wurde, dass zufriedene Kunden durchschnittlich ca. drei Personen ihre positiven
Erlebnisse mitteilen, hingegen unzufriedene Kunden im Schnitt neun bis zehn Personen mit ihren negativen Erfahrungen konfrontieren (Hauer/Nedeß 1997, S. 16; Matzler
et al. 1997b, S. 735). Auffällig ist, dass die Auswirkungen einer negativen Propaganda
viel größer sind als bei Positiver. Es zeigt sich aber auch, dass positive Weiterempfehlungen ein kostengünstiges und effektives Werbeinstrument sind (Eggert/Helm 2000,
S. 63). Weil die Kommunikation von Mundpropaganda im Face-to-Face-Kontakt erfolgt, wird diese als glaubwürdiger eingeschätzt (Sauerwein 2000, S. 15). Da es sich
um eine externe und keine unternehmensinterne Quelle handelt (Rudolph 1998, S.
35) wird ihr sehr große Bedeutung zugeschrieben.

3.2.3. Beschwerden

Beschwerden sind Auswirkungen der Kundenunzufriedenheit (Pleske 1997, S. 40;
Homburg et al. 1999, S. 177). Studien haben jedoch festgestellt, dass sich nur ca. 5
Prozent aller unzufriedenen Kunden beschwert haben, alle anderen reagieren nicht,
betreiben negative Mund-zu-Mund-Propaganda oder wandern ab (Homburg/Rudolph
1995, S. 44; Matzler et al. 1997b, S. 735). Deswegen sollte ein Beschwerdemanage-
ment nicht passiv sondern aktiv ausgerichtet sein (Esch/Billen 1994, S. 409 f.). Nur
wenn sich Kunden beschweren, können Gründe für ihre Unzufriedenheit identifiziert
werden, Verbesserungen generiert und unzufriedene zu zufriedenen Kunden gemacht
werden (Günter 1996, S. 65). Dies verdeutlichen auch Untersuchungen, die belegen,
dass bis zu 70 Prozent der Kunden, die mit einer Beschwerde Erfolg gehabt haben, bei
diesem Anbieter wiederkaufen (Matzler et al. 1997b, S. 735).

3.2.4. Abwanderungen

Die Abwanderung ist die extremste ökonomische Wirkung, wie Kunden auf nicht zu-
friedengestellte Erwartungen reagieren. (Esch/Billen 1994, S. 408). Meistens beschweren sich diese Kunden nicht, sondern wandern passiv ohne Unzufriedenheitsäußerun-
gen ab (Hauer 1998, S. 6). Zumeist sind die Abwanderungen nicht reversibel (Rudolph
1998, S. 32). Auch aufgrund von Studien, die belegen, dass die Kosten der Neukun-
denakquisition bis zu acht mal höher sind als die Bindungskosten bestehender Kunden
(Homburg/Rudolph 1995, S. 43), sollten diese Kunden dazu angehalten werden, ihre
Unzufriedenheit in Beschwerden zu artikulieren. Nur so können aus unzufriedenen
Kunden Zufriedene gemacht werden.

4. Messung der Kundenzufriedenheit

Wie bereits festgestellt wurde, ist Kundenzufriedenheit ein äußerst komplexes Konstrukt und stellt daher an Messverfahren besonders hohe Anforderungen. Jedoch bleibt festzuhalten, dass eine Messung und Analyse der Kundenzufriedenheit lediglich Schwachstellen und Verbesserungspotentiale identifiziert. Eine Erhöhung der Zufriedenheit kann nur durch daraus abgeleitete Maßnahmen erreicht werden (Jenner/Erichsson 1999b, S. 82).

Im Folgenden werden nun allgemeine Anforderungen an Messverfahren diskutiert, ein idealtypischer Messungsprozess vorgestellt, ein Überblick über konzeptionell verschiedene Messverfahren gegeben, sowie einige ausgewählte Verfahren genauer beleuchtet.

4.1. Allgemeine Anforderungen an Messverfahren

Unabhängig vom Messverfahrensansatz sollte jede Messung folgende Kriterien erfüllen:

- Objektivität: Die Messung sollte frei von subjektiven Einflüssen des Forschers sein.

- Validität: Das Verfahren sollte das Konstrukt (hier die Zufriedenheit) messen, das vorher als Messziel definiert wurde.

- Reliabilität: Das Ergebnis der Messung sollte bei wiederholter Messung unter gleichen Bedingungen gleich sein.

- Wirtschaftlichkeit: Der Nutzen des Verfahrens sollte größer sein als die damit verbundenen Kosten (Anschütz/Menke 1997, S. 56).

Die Aussage, „dass man erst dann etwas messen kann, wenn man weiß, was man messen (und verbessern) will" (Engelmann/Müller 1997, S. 42) macht deutlich, dass vor jeder Messung das zu evaluierende Konstrukt genau definiert werden muss. Dabei wurde festgestellt, dass ein globales Zufriedenheitsmaß (Dreger 1999, S. 124) nicht ausreicht (Esch/Billen 1994, S. 414), da Kundenzufriedenheit ein komplexes Gebilde darstellt und viele Größen, wie beispielsweise Qualität, Preis oder Service, auf sie einwirken (Pieske 1997, S. 41f.). Es erscheint daher sinnvoll, neben der Globalgröße, weitere Zufriedenheitsmaße einzelner Leistungskomponenten in das Messverfahren zu integrieren (Dreger 1999, S. 124, Homburg/Rudolph 1995, S. 44). Jedoch sollten nur solche Größen in ein System aufgenommen werden, die sich auch operationalisieren lassen (Runde et al. 2000, S. 425). Aus Übersichtlichkeitsgründen und der Gefahr eines Daten-Overloads (Hauer, 1998 S. 28) sollte die Kriterienanzahl auf wenige, aussagefähige Größen verringert werden (Dreger 1999, S. 124).

Da bereits festgestellt wurde, dass Zufriedenheit sehr individuell und subjektiv erlebt wird, sollten die Befragungseinheiten in homogene Segmente aufgegliedert werden (Zacharias 1998, S. 102; Werner 1997, S. 8), um die Aussagekraft der Messverfahren zu erhöhen. Als mögliche Differenzierungskriterien werden Marktsegmente, Leistungskomponenten (Werner 1997, S. 8), Bedürfnisstruktur (Crössmann 2001,S. 9) oder eine Differenzierung nach bestehenden, verlorenen und Nicht-Kunden (Homburg/Werner 1996, S. 92) vorgeschlagen.

Um dem dynamischen Charakter des Zufriedenheitskonstrukts gerecht zu werden, sollte ein Messverfahren nicht nur einmal, sondern in regelmäßigen Abständen angewandt werden (Töpfer/China 1997, S. 14 f.). Somit kann auch evaluiert werden, ob Maßnahmen zur Zufriedenheitsverbesserung erfolgreich waren.

Neben dem Grad der Zufriedenheitserfüllung, sollte bei Messverfahren auch die Wichtigkeit der einzeln Kriterien als zweite Dimension der Zufriedenheitsmessung abgefragt werden (Töpfer/China 1997, S. 13; Dornach/Meyer 1999, S. 431 f.). Durch die Kombination Zufriedenheitserfüllungsgrad und Kriteriumwichtigkeit können Zufriedenheitsmaßnahmen viel besser strukturiert und priorisiert werden (Zacharias 1998, S. 102 ff.).

Schließlich sollte jedes Messverfahren auch Zufriedenheitswerte von Branchen oder Konkurrenzunternehmen als Benchmark integrieren (Dornach/Meyer 1999, S. 430 f.). Mit dem Benchmarkvergleich wird die Aussagekraft der eigenen Zufriedenheitswerte deutlich erhöht (Crössmann 2001, S. 36). So kann beispielsweise nur durch die Vergleichswerte herausgefunden werden, ob der dimensionslose Globalzufriedenheitswert im Konkurrenzvergleich als gut oder schlecht anzusehen ist.

4.2. Der Zufriedenheits-Messungsprozess

Dreger (1999, S. 124) weist darauf hin, dass jedes Messverfahren systematisch ablaufen sollte. Homburg und Rudolph (1995, S. 44 ff.) schlagen daher sieben Schritte vor, nach denen ein idealtypischer Messungsprozess aufgebaut sein sollte:

- Zielgruppen- und Untersuchungszielfestlegung: Eine genaue Zielgruppendefinition bzw. auch –segmentierung, sowie die Festlegung der Ziele sind Grundvoraussetzung, um einen Messprozess erfolgreich werden zu lassen. Vor allem für Zielfindung sollte genügend Zeit verwendet werden, da die verfolgte Zielsetzung das zu verwendende Messverfahren bestimmt.

- Explorative Vorphase: In diesem Schritt werden, beispielsweise durch Kundeninterviews, relevante Zufriedensheitsdimensionen und Anforderungen an das Messverfahren bestimmt.

- Auswahl und konkrete Gestaltung der Untersuchungsmethode: Im letzten Teilschritt der Konzeptionsphase wird ein konkretes Messverfahren ausgewählt und der Erhebungsumfang festgelegt. Meist wird dabei, vor allem aus Kostengründen, der Stichprobenerhebung gegenüber der Totalerhebung der Vorzug gegeben.

- Pilotphase: In einem Pretest wird das Verfahren bei einer ausgewählten Stichprobe durchgeführt (Werner 1997, S. 9), um mögliche Fehler des Messsystems identifizieren und beheben zu können. In dieser Phase findet auch eine Rückkoppelung zum vorherigen Teilschritt statt, indem die Untersuchungsmethode bei gravierenden Fehlern nochmals überarbeitet wird.

- Zielgruppeninformation: Um die Akzeptanz der Teilnehmer zu erhöhen, wird vorgeschlagen, diese vor der eigentlichen Durchführung der Zufriedenheitsmessung zu informieren.

- Durchführung: Hierbei wird in der vorher definierten Zielgruppe das ausgewählte Zufriedenheitsmessverfahren angewendet.

- Analyse: Im letzten Teilschritt werden die erhaltenen Daten ausgewertet und analysiert. Es wird vorgeschlagen, die erhaltenen Zufriedenheitswerte zu transformieren und nach Merkmalen zu differenzieren. Die Analysephase sollte auch ein Kundenfeedback bezüglich der Zufriedenheitsmessung beinhalten.

4.3. Überblick über die verschiedenen Messverfahren

„... trotz dieses prinzipiell übereinstimmenden Zieles besitzt nahezu jeder Ansatz unterschiedliche Ausgangsvoraussetzungen und beschäftigt sich mit einem unterschiedlichen Erklärungsgegenstand." (Homburg/Werner 1996, S. 92) Diese Aussage verdeutlicht die Vielfältigkeit der Messverfahren. Je nach Untersuchungsziel erweist sich eine andere Methode als vorteilhaft. Dessen ungeachtet bleibt festzuhalten, dass integrative Verfahren, die mehrere Methoden verbinden, am besten geeignet sind, das komplexe Konstrukt Kundenzufriedenheit zu messen (Engelmann/Müller 1997, S. 49; Esch/Billen, 1994, S. 416).

Eine Katalogisierung der verschiedenen Messverfahren wird in der Literatur nicht einheitlich vorgenommen. Jedoch lassen sich die Messverfahren relativ gut nach folgenden Kategorien einteilen, die in Abbildung 13 grafisch veranschaulicht werden:

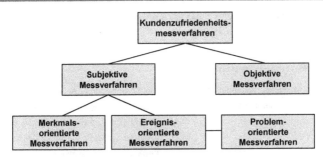

Abbildung 13: Überblick Zufriedenheitsmessverfahren

Quelle: Eigenabbildung

4.3.1. Objektive Verfahren

Objektive Verfahren setzen an beobachtbaren Größen (Lingenfelder/Schneider 1991, S. 110) an, die unabhängig von subjektiven Einflüssen und Einschätzungen der Kunden gemessen werden können (Jenner/Erichsson 1999b, S. 82) und eine hohe Korrelation mit dem Zufriedenheitskonstrukt aufweisen (Rudolph 1998, S. 53). Dabei erfolgt die Messung nach festgelegten mathematischen Regeln (Anschütz/Menke 1997, S. 57).

Beispielhaft für solche Verfahren können Umsatz, Marktanteil, Beschwerdequote, Abwanderungsrate oder Wiederkaufrate (Crössmann, 2001 S. 35; Hauer 1998, S. 18) als objektive Indikatoren, aber auch die Silent Shopper Methode und die Beobachtung (Kaiser 2002, S. 108 ff.) genannt werden.

Vorteilhaft an diesen Methoden ist, dass sie frei von subjektiven Einflüssen erfasst werden können, jedoch werden Indikatorengrößen neben der Kundenzufriedenheit von vielen weiteren Faktoren beeinflusst (Esch/Billen 1994, S. 415). Am validesten erscheinen dabei noch die aggregierten Indikatorengrößen Wiederkaufs- und Abwanderungsquote (Rudolph 1998, S. 53). Problematisch erscheint auch, dass das subjektive Zufriedenheitskonstrukt, das intra- und interindividuell unterschiedlich ausgeprägt ist, durch objektive Verfahren gemessen werden soll.

4.3.2. Subjektive Verfahren

Wegen der unzufriedenstellenden Validität objektiver Verfahren (Lingenfelder/Schneider 1991, S. 110), stellen subjektive Messansätze individuelle psychische Sachverhalte und die damit verknüpften Verhaltenweisen in den Vordergrund der Betrachtung (Esch/Billen 1994, S. 415). Dabei werden keine objektiven Größen analysiert, sondern Zufriedenheitswerte, die vom Kunden subjektiv wahrgenommen werden, erhoben (Rudolph 1998, S. 54). Zu den subjektiven Messansätzen gehören die merkmalsorientierten, die ereignisorientierten und die problemorientierten Verfahren (Kaiser 2002, S. 105 ff.).

4.3.2.1. Merkmalsorientierte Verfahren

Hierbei wird der Zufriedenheitsgrad durch Kundenbefragung (Anschütz/Menke 1997, S. 56) unter zu Hilfenahme eines standardisierten Fragebogens anhand vorgegebener Kriterien ermittelt (Jenner/Erichsson 1999a, S. 77). Die Kundenzufriedenheit kann dabei mit Hilfe von expliziten und impliziten Verfahren ermittelt werden. Während explizite Verfahren Zufriedenheit anhand einer direkten Erfragung der empfundenen Zufriedenheit ermitteln, wird der Zufriedenheitsgrad beim impliziten Verfahren mittels Indikatoren, die einen Rückschluss auf die Zufriedenheit zulassen, bestimmt (Homburg/Werner 1996, S. 94).

Merkmalsorientierte Verfahren sind beispielsweise die multiattributive Messung (Werner 1997, S. 8), dekompositionelle Verfahren, die Vignette-Methode oder der Willingness-to-pay-Ansatz (Kaiser 2002, S. 106).

Durch die subjektive Erfassung der Kundenzufriedenheit wird dem Konstrukt Zufriedenheit besser Rechnung getragen. Vorteilhaft sind diese Verfahren bei der Erhebung von Kundenzufriedenheit in Routinesituationen. Nachteilig wirkt sich aus, dass die Messung auf einem sehr hohen Abstraktionsniveau stattfindet und eine Interpretation wegen eines zu undifferenzierten Zufriedenheitsbildes schwierig machen (Stauss/Hentschel 1992, S. 115). Unter Umständen werden Kriterien in die Messung mit aufgenommen, die für die Kundenzufriedenheit nicht relevant sind oder es werden wichtige Zufriedenheitskriterien vergessen (Engelmann/Müller 1997, S. 44).

4.3.2.2. Ereignisorientierte Verfahren

Anders als bei merkmalsorientierten Verfahren wird Zufriedenheit hier anhand Schilderung konkreter, besonders wichtiger positiver oder negativer Kundenerlebnisse mit Produkten oder Dienstleistungen ermittelt (Anschütz/Menke 1997, S. 56).

Die Critical-Incident-Technique, die sequentielle Ereignismethode und die Beschwerdeanalyse sind dieser Verfahrensklasse zuzuordnen (Magerhans 2000, S. 13 ff.).

Dieses Verfahren ist vor allem geeignet, Kundenzufriedenheit bei außergewöhnlichen Erlebnissen zu erfassen, jedoch weniger, um Zufriedenheit in Routinesituationen zu messen (Stauss/Hentschel 1992, S. 115). Positiv hervorzuheben ist, dass der Kunde sein Zufriedenheitsempfinden frei äußern kann und bei seinen Antworten nicht in ein standardisiertes Zufriedenheitskorsett gezwängt wird (Engelmann/Müller 1997, S. 44). Dadurch weist die Verfahrensgruppe Nachteile hinsichtlich der Vergleichbarkeit auf (Stauss 1999b, S. 16).

4.3.2.3. Problemorientierte Verfahren

Problemorientierte Verfahren stellen eine Weiterentwicklung der ereignisorientierten Verfahren dar. Aufbauend auf den ereignisorientierten Verfahren sollen vor allem Problembereiche in der Leistungserstellung und –bereitstellung offengelegt werden (Kaiser 2002, S. 135).

Die Frequenz-Relevanz-Analyse für Probleme, die Problem-Detecting-Methode und Lob- und Beschwerdeanalyse sind konkrete Messverfahren dieser Kategorie (Kaiser 2002, S. 135).

4.4. Ausgewählte Messverfahren

Die hier vorgestellten Messverfahren sind alle den subjektiven Messverfahren zuzuordnen. Auf Vorstellung von objektiven Messmethoden wurde verzichtet, da Kundenzufriedenheit ein äußerst individuelles und subjektives Konstrukt darstellt.

Im Folgenden wird mit den multiattributiven Modellen ein Konzept der merkmalsorientierten Verfahren, mit der Critical-Incident-Technik ein ereignisorientiertes Verfahren und mit der Fehler-Relevanz-Analyse für Probleme ein problemorientiertes Verfahren vorgestellt. Das integrative Modell von Homburg verbindet diese Verfahren.

4.4.1. Multiattributive Modelle

Multiattributive Modelle gehen davon aus, dass sich die Zufriedenheit eines Kunden aus einer subjektiven Bewertung von Einzelkriterien zusammensetzt (Stauss/Hentschel 1992, S. 116). Formal lässt sich dieser Zusammenhang wie folgt darstellen: $Z_{ij} = f(K_{ij1}, K_{ij2}, ..., K_{ijn})$ mit Z_{ij} als globales Gesamtzufriedenheitsurteils eines Kunden i bezüglich der Leistung j und K_{ijk} als Beurteilung des Zufriedenheitskriteriums k (k = 1, ..., n) durch den Kunden i bei einer Leistung j (Hentschel 1999, S. 297).

Diese multiattributiven Modelle lassen sich nach dem in Abbildung 14 dargestellten Schema aufgliedern:

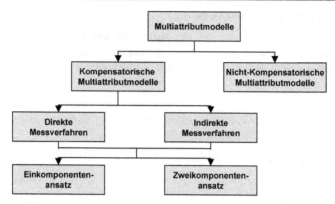

Abbildung 14: Systematisierung multiattributiver Messverfahren
Quelle: in Anlehnung an Kaiser 2002, S. 114

Kompensatorische Modelle gehen davon aus, dass ein schlecht bewertetes Zufriedenheitskriterium durch ein gut bewertetes Kriterium ausgeglichen wird, nichtkompensatorische Modelle negieren diesen Zusammenhang. In der Praxis haben sich die kompensatorischen Modelle durchgesetzt (Hentschel 1999, S. 298 f.).

Direkte oder ex post Messverfahren erfassen bei der Ermittlung direkt den Zufriedenheitsgrad einzelner Zufriedenheitskriterien. Ex post wird also die „Diskrepanz zwischen erwarteter und erlebter Leistung abgefragt" (Hentschel 1999, S. 299). Bei den indirekten oder ex ante/ex post Messungen wird das Zufriedenheitsausmaß der Komponenten durch die Differenz zwischen der erwarteten (ex ante) und der erlebten (ex post) Ausprägung der Zufriedenheitskriterien bestimmt (Kaiser 2002, S. 116).

Eine weitere Unterscheidung kann zwischen dem Einkomponentenansatz, bei dem nur das Zufriedenheitsausmaß ermittelt wird, und dem Zweikomponentenansatz, bei dem zusätzlich die individuelle Wichtigkeit jedes Zufriedenheitskriteriums erfasst wird, erfolgen (Hentschel 1999, S. 301).

Die formale Darstellung ergibt folgendes Bild:

- Einkomponentenansatz mit direkter Messung: $Z_{ij} = \sum_{k=1}^{n} K_{ijk}$

- Zweikomponentenansatz mit direkter Messung: $Z_{ij} = \sum_{k=1}^{n} K_{ijk} * W_{ik}$

- Einkomponentenansatz mit indirekter Messung: $Z_{ij} = \sum_{k=1}^{n} WN_{ijk} - E_{ik}$

- Zweikomponentenansatz mit indirekter Messung: $Z_{ij} = \sum_{k=1}^{n} (WN_{ijk} - E_{ik}) * W_{ik}$

Dabei sind Z_{ij} die Gesamtzufriedenheit der Kunden i mit der Leistung j, K_{ijk} der vom Kunden i bewertete Zufriedenheitsgrad des Kriteriums k der Leistung j, W_{ik} die von Kunden i dem Kriterium k zugeordnete Wichtigkeit, WN_{ijk} die von Kunden i wahrgenommene Zufriedenheitserfüllung des Kriteriums k einer Leistung j und E_{ik} die vom Kunden i erwartete Zufriedenheitserfüllung eines Kriteriums k (Hentschel 1999, S. 298 ff.; Kaiser, 2002, S. 112 ff.; Lingenfelder/Schneider, 1991, S. 115 ff.).

Lingenfelder und Schneider (1991, S. 115 ff.) haben mit Hilfe von Korrelationsanalysen herausgefunden, dass die multiplikative Verknüpfung zwischen Zufriedenheitserfüllungsgrad und Kriteriumswichtigkeit die höchste Modellvalidität besitzt.

Das Zufriedenheitsausmaß der Teilkriterien wird normalerweise mit Hilfe von Ratingskalen standardisiert erfasst (Magerhans 2000, S. 10). Dabei werden die Kunden oft mittels Fragebogen mündlich, telefonisch oder schriftlich befragt (Homburg/Rudolph 1995, S. 45 ff.). Jedoch müssen vorher die Kriterien festgelegt werden, die für die Kundzufriedenheit verantwortlich sind (Crössmann 2001, S. 34). Diese müssen operationalisierbar und messbar sein. Stauss und Hentschel (1992, S. 116) schlagen vor, neben den Teilzufriedenheitswerten auch einen Globalzufriedenheitswert direkt bei den Kunden abzufragen.

Auch die Wichtigkeit einzelner Zufriedenheitskriterien wird direkt beim Kunden erfragt. Dafür können zwei Verfahren Anwendung finden:

- Direkte Abfrage: Der Kunde vergibt direkt ein Wichtigkeitsausmaß für jedes Kriterium (Werner 1997, S. 10). Methoden für diese Abfragen sind Wichtigkeits-Ratingskalen, Rangreihung oder Konstantsummenverfahren. Wobei nur das Konstantsummenverfahren metrisches Skalenniveau liefert (Zacharias 1998, S. 102 ff.).

- Indirekte Abfrage: Die Wichtigkeit der Kriterien wird hier mit Hilfe statistischer Verfahren aus den Zufriedenheitsgraden der Kriterien ermittelt (Dornach/Meyer 1999, S. 432). Die Kausalanalyse (Werner, 1997, S. 10), die Regressionsanalyse und die CHAID-Analyse sind Beispiele für solche statistische Verfahren (Zacharias 1998, S. 103 ff.).

Jedoch sind multiattributive Anätze auch mit Problemen behaftet. Vor allem bei indirekten Messungen kann es für den Kunden schwierig sein, seine Ex-ante-Erwartungen ex post zu formulieren (Kaiser 2002, S. 116). Des weiteren können auch wichtige Kriterien bei der Messung vergessen oder irrelevante Kriterien erfasst werden. Durch die Standardisierung der Messung können auch keine Gründe für das Entstehen eines Zufriedenheitsausmaßes kenntlich gemacht werden. Schließlich sollte nicht nur der aggregierte Gesamtzufriedenheitswert betrachtet werden, sondern auch die einzelnen Teilkriterien in die Zufriedenheitsanalyse mit einfließen.

Hilfreich bei dieser Analyse ist das in Abbildung 15 dargestellte Zufriedenheitsportfolio.

	Strategische Nachteile: Besser werden	Strategische Vorteile: Halten/ Ausbauen
Wichtigkeit	Besser werden mit geringer Priorität	Halten mit geringer Priorität
	Kundenzufriedenheit	

Abbildung 15: Das Zufriedenheitsportfolio
Quelle: in Anlehnung an Werner 1997, S. 11

In dieses Portfolio werden die durch den Zweikomponentenansatz ermittelten Zufriedenheitsausprägungen und Wichtigkeiten für jedes Zufriedenheitskriterium eingetragen. Je nach Lage im Portfolio werden für diese Faktoren Handlungsanweisungen gegeben (Eyett 1999, S. 90). Damit wird eine Priorisierung im Zufriedenheitsverbesserungsmangement vorgenommen.

4.4.2. Critical-Incident-Technique

Anders als die multiattributiven Modelle, die standardisierte Verfahren zur Zufriedenheitsermittlung verwenden, wir der Fokus bei der Critical-Incident-Technique auf die Erfassung besonders kritischer Ereignisse gelegt (Anschütz/Menke 1997, S. 68 f.). Stauss (1994, S. 237) definiert dabei kritische Ereignisse als „Vorfälle, die von Konsumenten als außergewöhnlich positiv oder negativ empfunden und im Gedächtnis behalten werden." Da solche Erfahrungen besonders stark im Gedächtnis bleiben, wird angenommen, dass sie sich direkt auf die empfundene Zufriedenheit auswirken

(Esch/Billen 1994, S. 416). Damit sollen Kundenprobleme aufgedeckt und Maßnahmen zu deren Beseitigung abgeleitet werden (Haller 1993, S. 30).

Während der Befragung sollen Kunden ihre persönlichen Erlebnisse mit einer Leistung frei von irgendeiner vorgegebenen Struktur oder Leitfaden schildern (Engelmann/Müller 1997, S. 44). Dabei wird besonderer Wert auf verhaltensnahe Kundenäußerungen gelegt (Runde et al. 2000, S. 424). Diese Äußerungen gelten als besonders aussagekräftig (Stauss 1999a, S. 332) und wenig interpretationsbedürftig (Engelmann/Müller 1997, S. 44), da der Kunde seine Erlebnisse im Vergleich zu den multiattributiven Verfahren, bei denen die Zufriedenheit mit Zufriedenheitswerten bewertet wird, direkt äußert. Die Critical-Incident-Technique wird daher auch den qualitativen Verfahren zugeordnet (Stauss/Hentschel 1992, S. 117).

Häufig werden diese Befragungen mittels eines mündlichen Interviews durchgeführt, in dem der Kunde ein besonders positives oder negatives Ereignis einer Leistung schildern soll. Stauss (1994, S. 239) empfiehlt den Interviewten folgende Zusatzfragen zu stellen, um ein differenzierteres Zufriedenheitsbild zu bekommen:

- „Was passierte genau? (action)

- Wer genau machte was? (actor)

- Wer oder was war Gegenstand des Vorfalls? (object)

- Wo fand der Vorfall statt? (place)

- Wann fand der Vorfall statt? (time)

- Wie bewerten Sie das Ereignis? (evaluation)

- Was war es genau, das bei Ihnen (Un-) Zufriedenheit auslöste? (cause of evaluation)

- Wie haben Sie reagiert bzw. haben Sie vor zu reagieren? (consequence)."

Um aussagekräftige Ergebnisse zu erhalten, sollte eine „genügend große Anzahl von Beschreibungen solcher Critical Incidents" (Haller 1993, S. 31) erhoben werden. Esch und Billen (1994, S. 416) empfehlen zusätzlich die Reihenfolge der geäußerten Ereignisse, sowie deren Stärke und Qualität festzuhalten. Jedoch sollten nur die Ereignisse analysiert werden, die nachstehenden Anforderungen genügen:

- „Das Ereignis muss sich auf eine Anbieter-Kunden-Kontaktsituation beziehen.

- Das Ereignis muss beim Kunden ein sehr starkes Zufriedenheits- bzw. Unzufriedenheitsgefühl verursacht haben.

- Es muss sich um eine diskrete Episode handeln.

* Das Ereignis muss so detailliert beschrieben werden, dass sich der Forscher ein exaktes Bild der Situation machen kann." (Stauss 1994, S. 240)

Diese Methode liefert als Ergebnis ein realistisches Zufriedenheitsniveau und lässt auch Zufriedenheitsursachenforschung zu (Esch/Billen 1994, S. 416). Jedoch wird nur ein eingeschränktes Bild der Zufriedenheit geliefert, da nur das Fehlen von Routinekriterien und das Auftreten von Ausnahmekriterien erfasst werden (Engelmann/Müller 1997, S. 44). Aufgrund des hohen Erhebungs- und Auswertungsaufwands eignet sich die Critical-Incident-Technique nicht zur wiederholten Anwendung, sondern sollte eher zur Zufriedenheitserstbeurteilung oder die Zufriedenheitskriterienermittlung verwendet werden (Haller 1993, S. 32).

4.4.3. Frequenz-Relevanz-Analyse für Probleme (FRAP)

Die Frequenz-Relevanz-Analyse für Probleme stellt eine Weiterentwicklung der Problem Detecting Method dar (Reiner 1993, S. 203).

Dabei wird Kunden ein Katalog mit möglichen Problemen vorgelegt. Der Einsatz der in Abschnitt 4.2.2. diskutierten Critical-Incident-Technique ist eine Möglichkeit, die zu evaluierenden Problemkriterien zu erhalten (Reiner 1993, S. 203). Unter Umständen sollte die Kriterienanzahl aus Redundanz- und Bedeutungsgründen mittels einer Clusteranalyse verringert werden (Kaiser 2002, S. 141). Jede Problemklasse wird vom Kunden hinsichtlich des subjektiven Problemauftretens (Frequenz) und des subjektiven Verärgerungsausmaßes beim Auftreten eines Problems (Relevanz) bewertet (Kaiser 2002, S. 141). Zur Erfassung des Verärgerungsausmaßes empfiehlt Stauss (1999a, S. 335) eine metrisch skalierte „Verärgerungsskala", auf der der Kunde seine Problemrelevanz angibt.

Durch die Auswertung der Kundenbefragungen erhält man einen Überblick über die relevantesten Unzufriedenheitskriterien aus Kundensicht. Um bei der Unzufriedenheitsanalyse die wichtigsten Unzufriedenheitsfaktoren besser identifizieren zu können, rät Stauss (1999a, S. 336) zum Hilfsmittel Pareto-Diagramm, das in Abbildung 16 dargestellt ist.

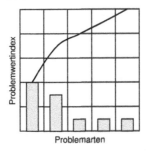

Problemarten

Abbildung 16: Pareto-Diagramm
Quelle: in Anlehnung an Stauss 1999, S. 336

Dabei wird für jedes Problemkriterium ein Problemwertindex bestimmt. Dieser berechnet sich „als Quotient aus dem Relevanzwert pro Problemdimension und der Summe der Relevanzwerte" (Stauss 1999a, S. 335). Anschließend werden die verschiedenen Einzelprobleme nach absteigendem Problemwertindex in das Pareto-Diagramm eingetragen. Die kumulierten Problemwertindices geben jeweils an, wie viel die n-Problemarten an der Gesamtproblematik ausmachen (Stauss 1999a, S. 335).

Jedoch wird bei dieser Analyse die Problemfrequenz nicht berücksichtigt. Deswegen empfiehlt es sich, zusätzlich jedes Einzelproblem in ein zweidimensionales Diagramm mit den Achsen Problemrelevanz und Problemfrequenz einzutragen (Stauss 1999a, S. 335).

Die Frequenz-Relevanz-Analyse für Probleme sollte als ergänzendes Messverfahren eingesetzt werden, da ihre Durchführung mit hohem Auswertungs- und Erhebungsaufwand verbunden ist (Kaiser 2002, S. 159) und diese Methode im Gegensatz zu den anderen diskutierten Verfahren die Zufriedenheits- bzw. Unzufriedenheitskriterien nicht eigenständig ermittelt, sondern vorgegeben werden müssen (Stauss 1999a, S. 335).

4.4.4. Integratives Messverfahren von Homburg und Werner

Da die vorgestellten Verfahren in unterschiedlichen Bereichen ihre Stärken besitzen, empfehlen Engelmann und Müller (1997, S. 49) zur Zufriedenheitsmessung mehrere Verfahren miteinander zu kombinieren.

Im Folgenden wird nun das integrative Messsystem von Homburg und Werner (1996, S. 96 ff.) als Beispiel für einen kombinatorischen Ansatz vorgestellt.

Abbildung 17 gibt dabei einen Überblick über die verwendeten Verfahren:

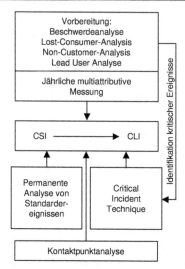

Abbildung 17: Schematisierung des integrativen Messverfahrens
Quelle: in Anlehnung an Homburg/Werner 1996, S. 98

In einer Vorbereitungsphase soll das Kundenverständnis sowie deren Probleme und Bedürfnisse verbessert werden. Die Analyse erfolgt qualitativ mit Hilfe von Beschwerde-, Lead User-, Nichtkunden- und Kündigeranalysen. Zielsetzung dieser Phase ist die Beschaffung von Vorabinformationen, die für die eigentliche Kundenzufriedenheitsmessung benötigt werden. Diese Vorbereitungsphase muss nicht bei jeder Messung erfolgen, jedoch ist aufgrund von möglichen Verschiebungen ein drei- bis vierjähriger Turnus empfehlenswert.

Zentrale Bedeutung dieses Messsystems erhält die jährliche multiattributive Messung. Dabei sollten möglichst viele Kunden schriftlich oder mündlich befragt werden. Um etwaige zusätzliche Hintergrundinformationen zu erhalten, wird empfohlen, zusätzlich auch persönliche Befragungen vorzunehmen. Ziel der multiattributiven Messung ist ein Gesamteindruck des Kundenzufriedenheitsstands.

Wie bereits in Abschnitt 4.4.2. dargestellt wurde, sollte die Critical-Incident-Technique zur Erfassung der Zufriedenheitskriterien in der Vorbereitungsphase eingesetzt werden. Da diesen kritischen Ereignissen jedoch große Bedeutung hinsichtlich der Kundenzufriedenheit eingeräumt wird, sollte dieses Messinstrument zusätzlich regelmäßig verwendet werden. Der Fokus dieser regelmäßigen Befragungen sollte auf die Kundengruppe gelegt werden, die bereits nachweislich solche Ereignisse erlebt haben.

Darüber hinaus ist es empfehlenswert, begleitend eine Kontaktpunktanalyse einzusetzen.

Neben dieser Messung sollte auch kontinuierlich das Instrument der Analyse von Standardereignissen verwendet werden. Diese Methode erfasst die Ist-Zufriedenheit der Kunden mit bestimmten, immer wiederkehrenden Ereignissen und besitzt hohen Detaillierungsgrad. So können kurzfristige Veränderungen der Kundenzufriedenheit bei besonders wichtigen Ereignissen identifiziert werden und durch entsprechende Gegenmaßnahmen das Zufriedenheitsausmaß verbessert werden.

Aus diesem integrativen Messverfahren wird nun die Ist-Kundenzufriedenheit abgeleitet. Dabei soll das Hauptaugenmerk auf die Gesamtzufriedenheit gelegt werden. Dafür wird ein auf einer Skala von Eins bis Hundert normierter Customer Satisfaction Index (CSI) ermittelt. Gepaart mit dem zusätzlich bestimmten Bindungswert Customer Loyality Index (CLI) können in einer CSI/CLI-Matrix Kundenbindungspotentiale abgeleitet werden.

Neben der Gesamtzufriedenheit sollte auch die Zufriedenheit mit einzelnen Zufriedenheitsdimensionen, sowie deren Wichtigkeiten analysiert werden. Dabei wird vorgeschlagen, die einzelnen Wichtigkeiten mit Hilfe der indirekten Abfrage zu ermitteln. Die erhaltenen Zufriedenheitsausmaß-Wichtigkeits-Kombinationen können dann zur Ableitung von Handlungsanweisungen in das in Abschnitt 4.4.1. vorgestellte Zufriedenheitsportfolio eingetragen werden.

Zusammenfassend lässt sich sagen, dass integrative Modelle die Vorteile mehrerer Messverfahren miteinander verbinden und daher am besten geeignet sind, das komplexe und multidimensionale Konstrukt der Kundenzufriedenheit darzustellen und zu erfassen. Jedoch ist mit diesem Messverfahren ein hoher Erhebungs- und Auswertungsaufwand verbunden.

5. Beitrag des CRM zur Kundenzufriedenheit

Nachdem nun die Bedeutung der Kundenzufriedenheit auch im Hinblick auf ökonomische Wirkungen hin diskutiert wurde, sowie Zufriedenheitsmesskonzepte vorgestellt wurden, soll nun zusammenfassend beleuchtet werden, was das Customer Relationship Management zur Steigerung der Kundenzufriedenheit beitragen kann.

Das Kundenbeziehungsmanagement versucht, den profitablen Kunden längerfristig an ein Unternehmen zu binden und somit die Abwanderung zu verhindern (Hippner et al. 2002, S. 10 ff.). Da, wie in Abschnitt 3.1. festgestellt wurde, die Kundenzufriedenheit einen großen Einfluss auf die Kundenbindung besitzt, muss durch Customer Relationship Management versucht werden, die Zufriedenheit zu erhöhen.

Erichsen (2001, S. 175 ff.) weist auf folgende Punkte hin, die belegen, dass Customer Relationship Management zur Zufriedenheitserhöhung beiträgt:

• Durch ein einheitliches Datenbanksystem und den damit einhergehenden detaillier-teren Kundeninformationen können die Kunden individueller und zielgerichteter angesprochen werden. So können beispielsweise die aus Kundensicht unerwünsch-te Massenwerbung durch zielgerichtete, maßgeschneiderte Individualwerbemaß-nahmen ersetzt werden. Dabei können auch individuelle Wünsche und Vorlieben berücksichtigt werden.

• Die Datenintegration verschafft jedem Mitarbeiter den gleichen Kenntnisstand über einen Kunden. Durch die Generierung von kundenorientierten Geschäftsprozessen wird ein einheitlicher, konsistenter Unternehmensauftritt gegenüber dem Kunden geschaffen und unkoordinierte Einzelaktionen verhindert. So ist es nicht mehr möglich, dass beispielsweise die Marketingabteilung aufgrund fehlender Datenin-tegration einem Kunden per Direct-Mailing für ein Produkt andere Konditionen als der entsprechende Vertriebsmitarbeiter anbietet.

• Der Service wird durch Customer Relationship Management konsistenter, unab-hängig von Person oder Ort des Kontaktes.

• Die Realisierung von Cross-Selling-Verkäufen und die Erhöhung der Wiederkaufsra-te kann durch eine verbesserte Kundenorientierung erreicht werden.

Betrachtet man die Aufgabenbereiche eines Customer Relationship Management Sys-tems, können weitere Ansatzpunkte identifiziert werden, durch die die Kundenzufrie-denheit verbessert werden kann.

Durch Data Mining im analytischen CRM (Hippner et al. 2002, S. 25 ff.) ist es bei-spielsweise möglich, Aktionen individueller zu gestalten und damit den Kunden maß-geschneiderte Angebote zu unterbreiten und somit die Erwartungen viel besser zu er-füllen als bei einer undifferenzierten Ansprache.

Auch im Bereich des operativen CRM sind sowohl bei der Marketing, bei der Sales und bei der Service Automation Potentiale gegeben, mit deren Hilfe die Kundenzufrieden-heit und somit die Kundenbindung erhöht werden können. Beispielhaft hierfür seinen Marketing-Enzyklopädien, Kampagnenmanagement, Produktkonfiguratoren, Online-Auftragserfassung und Order Tracking genannt (Hippner et al. 2002, S. 28 ff.).

Positiv auf die Zufriedenheit kann sich auch die Installation eines Customer Interaction Centers auswirken, da der Kunde dadurch die Möglichkeit erhält, auf verschiedenen Kommunikationswegen mit dem Unternehmen in Kontakt zu treten. All diese Kommu-nikationskanäle werden in ein Customer Interaction Center integriert. Dadurch wird dem Kunden ein Single Point of Entry in das Unternehmen ermöglicht. Die Mitarbeiter dieses Centers haben natürlich den Zugriff auf alle Kundendaten.

Zusammenfassend lässt sich sagen, das Customer Relationship Management „richtig angewandt, in der Lage ist, Kundenzufriedenheit und Kundenbindung nachhaltig zu verbessern" (Erichsen 2001, S. 177), jedoch darf nicht vergessen werden, das dies nur funktionieren kann, wenn ein klares, durchgängiges, von der Unternehmensleitung unterstütztes, strategisches Konzept hinter diesem Ansatz steht.

Anschütz, C.; Menke, A. (1997): Ansätze zur Messung der Kundenzufriedenheit, in: o.V. (1997): Wissen schafft Macht – Praktische Instrumente zur Steigerung der Kundenzufriedenheit – Band IV, 1. Aufl., Frankfurt am Main, S. 54-72

Bailom, F.; Hinterhuber, H.; Matzler, K.; Sauerwein, E. (1996): Das Kano-Modell der Kundenzufriedenheit, in: Marketing ZFP, 18. Jg. (1996), Heft 2, S. 117-126

Berry, L.; Parasurman, A. (1991): Marketing Service, New York

Crössmann, J. (2001): Für Kundenzufriedenheit, Kundenbindung und Marketing-Mix: Indices und Kennzahlen, in: is-report, 5. Jg. (2001), Heft 9, S. 34-41

Diller, H (1995): Kundenbindung als Zielvorgabe im Beziehungsmarketing. Arbeitspapier Nr. 40 des Lehrstuhls für Marketing der Universität Erlangen-Nürnberg, Nürnberg

Dornach, F.; Meyer, A: (1999): Hochdruckgebiet Kundenzufriedenheit, in: Qualität und Zuverlässigkeit, 44. Jg. (1999), Heft 4, S. 426-434

Dreger, W. (1999): Management der Kundenzufriedenheit, 1. Aufl., Renningen-Malmsheim

Eggert, A.; Helm, S. (2000): Determinanten der Weiterempfehlung: Kundenzufriedenheit oder Kundenbindung?, in: Der Markt, 39 Jg. (2000), Heft 2, S. 63-72

Engelmann, M.; Müller, H. (1997): Kundenzufriedenheit bei Dienstleistern: Meßmethoden im Vergleich, in: Planung & Analyse, 1997, Heft 4, S. 42-49

Erichsen, J. (2001): Ein Weg, um Kundenzufriedenheit und Kundenbindung zu erhöhen?, in: Bilanz & Buchhaltung, 2001, Heft 5, S. 175-177

Esch, F.; Billen, P. (1994): Ansätze zum Zufriedenheitsmanagement: Das Zufriedenheitsportfolio, in: Tomczak, T.; Belz, C. (1994): Kundennähe realisieren, 1. Aufl., St. Gallen, S. 407-424

Eyett, D. (1999): Kundenzufriedenheit verbessern statt nur messen, in: Geldinstitute, 30. Jg. (1999), Heft 10, S. 90/91

Günter, B. (1996): Kundenanalyse und Kundenzufriedenheit als Grundlage der Customer Integration, in: Keinaltenkamp, M.; Fließ, S.; Jacob, F. (1994): Customer-Integration, 1. Aufl., Wiesbaden, S. 57-71

Haller, S. (1993): Methoden zur Beurteilung von Dienstleistungsqualität, in: Schmalenbachs Zeitschrift für betriebswirtschaftliche Forschung, 45. Jg. (1993), Heft 1, S. 19-40

Hauer, C. (1998): Kennzahlengestützte Qualitätsregelkreise zur Steigerung der Kundenzufriedenheit bei Serviceprozessen, 1. Aufl., Düsseldorf

Hauer, C.; Nedeß, C. (1997): Grundlagen der Kundenzufriedenheit, in: o.V. (1997): Wissen schafft Qualität – Praktische Instrumente zur Steigerung der Kundenzufriedenheit – Band IV, 1. Aufl., Frankfurt am Main, S. 13-34

Hentschel, B. (1999): Multiattributive Messung von Dienstleistungsqualität, in: Bruhn, M.; Stauss, B. (2000): Dienstleistungsqualität: Konzepte – Methoden – Erfahrungen, 3. Aufl., Wiesbaden, S. 289-320

Herrmann, A.; Johnson, M. (1999): Die Kundenzufriedenheit als Bestimmungsfaktor der Kundenbindung, in: Schmalenbachs Zeitschrift für betriebswirtschaftliche Forschung, 51. Jg. (1999), Heft 6, S. 579-598

Hippner, H.; Martin, S.; Wilde, K.D. (2002): Customer Relationship Management – Strategie und Realisierung, in: Wilde, K.D.; Hippner, H. (2002): CRM 2002 – So binden Sie Ihre Kunden, Düsseldorf, S. 9-50

Homburg, C.; Fassnacht, M. (1998): Kundennähe, Kundenzufriedenheit und Kundenbindung bei Dienstleistungsunternehmen, in: Bruhn, M.; Meffert, H. (1998): Handbuch Dienstleistungsmanagement, Wiesbaden, S. 405-438

Homburg, C.; Giering, A.; Hentschel, F. (1999): Der Zusammenhang zwischen Kundenzufriedenheit und Kundenbindung, in: Die Betriebswirtschaft, 59. Jg. (1999), Heft 2, S. 174-195

Homburg, C.; Rudolph, B. (1995): Wie zufrieden sind Ihre Kunden tatsächlich?, in: Harvard Business Manager, 17. Jg. (1995), Heft 1, S. 43-50

Homburg, C.; Werner, H. (1996): Ein Meßsystem für Kundenzufriedenheit, in: Absatzwirtschaft, 1996, Heft 11, S. 92-100

Horstmann, R. (1998a): Führt Kundenzufriedenheit zur Kundenbindung?, in: Absatzwirtschaft, 1998, Heft 9, S. 90-94

Horstmann, R. (1998b): Führt Kundenzufriedenheit automatisch zu Kundenbindung?, in: iomanagement, 1998, Heft 10, S. 20-23

Howard J.H.; Sheth J.N.(1969): The Theorie of Buyer Behavior, New York

Jenner, T.; Erichsson, S. (1999a): Messung und Management der Kundenzufriedenheit, in: iomanagement, 1999, Heft 3, S. 76-81

Jenner, T.; Erichsson, S. (1999b): Messung und Management der Kundenzufriedenheit, in: iomanagement, 1999, Heft 4, S. 82-84

Kaiser, M.-O. (2002): Erfolgsfaktor Kundenzufriedenheit : Dimensionen und Messmöglichkeiten, 1. Aufl., Berlin

Kierstein, S. (1998): Kundenzufriedenheit – Anforderungen an die Sozialkompetenz von Lieferanten innerhalb unternehmensinterner Kundenbeziehungen, 1. Aufl., Hamburg

Koot, C. (1999): Kundenzufriedenheit im Bankmarketing am Beispiel einer praktischen Messung an der studentischen Kundengruppe, 1. Aufl., Homberg

Lingenfelder, M.; Schneider, W. (1991): Die Kundenzufriedenheit, in: Marketing ZFP, 13. Jg. (1991), Heft 2, S. 109-119

Magerhans, A. (2000): Kundenzufriedenheit im Electronic Commerce, 1. Auflage, Göttingen

Matzler, K.; Hinterhuber, H.; Handlbauer, G. (1997a): Erfolgspotential Kundenzufriedenheit (I), in: Das Wirtschaftsstudium, 26 Jg. (1997), Heft 7, S. 645-650

Matzler, K.; Hinterhuber, H.; Handlbauer, G. (1997b): Erfolgspotential Kundenzufriedenheit (II), in: Das Wirtschaftsstudium, 26 Jg. (1997), Heft 8-9, S. 733-739

Müller, S.; Strothmann, H. (1998): Kundenzufriedenheit und Kundenbindung, 1. Aufl., München

o.V. (1997): Gabler-Wirtschafts-Lexikon, 14. Auflage, Wiesbaden

Oliver, R.L. (1997): Satisfaction – A behavioral perspective on the consumer, Boston u.a.

Pieske, R. (1997): Jeder reagiert anders – Alternative Vorgehensweisen zur Ermittlung der Kundenzufriedenheit, in: iomanagement, 1997, Heft 7/8, S. 40-47

Quartapelle, A.; Larsen, G. (1996): Kundenzufriedenheit – Wie Kundentreue im Dienstleistungsbereich die Rentabilität steigert, 1. Aufl., Berlin

Reiner, T. (1993): Analyse der Kundenbedürfnisse und der Kundenzufriedenheit als Voraussetzung einer konsequenten Kundenorientierung, 1. Aufl., Hallstadt

Rudolph, B. (1998): Kundenzufriedenheit im Industriegüterbereich, 1. Aufl., Wiesbaden

Runde, B.; Baier, W.; Wendeln, S. (2000): Kundenzufriedenheit im Call Center effektiv erfassen – Beispiel: DB 24 direkt, in: Personal, 2000, Heft 8, S. 424-429

Sauerwein, E. (2000): Das Kano-Modell der Kundenzufriedenheit, 1. Aufl., Wiesbaden

Stauss, B. (1994): Der Einsatz der <<Critical Incident Technique>> im Dienstleistungsmarketing, in: Tomczak, T.; Belz C. (1994): Kundennähe realisieren, 1. Aufl., St. Gallen, S. 233-250

Stauss, B. (1997): Führt Kundenzufriedenheit zu Kundenbindung?, in: Belz, C. (1997): Marketingtransfer: Kompetenz für Marketing-Innovationen, Schrift 5, St. Gallen, S. 76-86

Stauss, B. (1999a): „Augenblicke der Wahrheit" in der Dienstleistungserstellung – Ihre Relevanz und ihre Messung mit Hilfe der Kontaktpunkt-Analyse, in: Bruhn, M.; Stauss, B. (2000): Dienstleistungsqualität: Konzepte – Methoden – Erfahrungen, 3. Aufl., Wiesbaden, S. 321-340

Stauss, B. (1999b): Kundenzufriedenheit, in: Marketing ZFP, 21 Jg. (1999), Heft 1, S. 5-24

Stauss, B.; Hentschel, B. (1992): Messung von Kundenzufriedenheit, in: Marktforschung & Management, 1992, Heft 3, S. 115-122

Stauss, B.; Neuhaus, P. (1995): Das qualitative Zufriedenheitsmodell (QZM), 1. Aufl., Ingolstadt

Töpfer, R.; China, R. (1997): Die Kundenzufriedenheitsfalle, in: Der Markt, 36 Jg. (1997), Heft 1, S. 11-20

Werner, H. (1997): Messung und Management von Kundenzufriedenheit, in: Werbeforschung & Praxis, 1997, Heft 3, S. 8-11

Zacharias, R. (1998): Was ist dem Kunden wichtig?, in: Absatzwirtschaft, 1998, Heft 6, S. 102-105